Christian Risse

Die Struktur des Vernichtungsprozesses in Raul Hilbergs Werk "Die Vernichtung der europäischen Juden"

Die finanzielle Vernichtung der jüdischen Bevölkerung

GRIN Verlag

Bibliografische Information der Deutschen Nationalbibliothek:

Die Deutsche Bibliothek verzeichnet diese Publikation in der Deutschen National-
bibliografie; detaillierte bibliografische Daten sind im Internet über http://dnb.d-
nb.de/ abrufbar.

Impressum:

Copyright © 2013 GRIN Verlag GmbH
Druck und Bindung: Books on Demand GmbH, Norderstedt Germany
ISBN: 978-3-656-73329-4

Dieses Buch bei GRIN:

http://www.grin.com/de/e-book/279428/die-struktur-des-vernichtungsprozesses-in-
raul-hilbergs-werk-die-vernichtung

GRIN - Your knowledge has value

Der GRIN Verlag publiziert seit 1998 wissenschaftliche Arbeiten von Studenten, Hochschullehrern und anderen Akademikern als eBook und gedrucktes Buch. Die Verlagswebsite www.grin.com ist die ideale Plattform zur Veröffentlichung von Hausarbeiten, Abschlussarbeiten, wissenschaftlichen Aufsätzen, Dissertationen und Fachbüchern.

Besuchen Sie uns im Internet:

http://www.grin.com/

http://www.facebook.com/grincom

http://www.twitter.com/grin_com

Inhalt

1. Einleitung

Die vorliegende Arbeit ist die Verschriftlichung eines Referatsteils über die Vernichtung der jüdischen Bevölkerung im Deutschen Reich, der sich mit der wirtschaftlichen Vernichtung durch Enteignung und Arisierung befasst. Ziel der Enteignung der Juden im „dritten Reich" war es, ihnen nach und nach die Lebensgrundlage zu entziehen und sie zur Emigration zu bringen. Daneben sollte das Vermögen der jüdischen Bevölkerung dem Reichsfiskus zu Gute kommen und zunächst die angespannte Haushaltslage etwas stabilisieren, im Verlauf des Krieges sollten aber auch Einrichtungsgegenstände von vertriebenen oder getöteten Juden an Deutsche gegeben werden, um deren Durchhaltewillen zu stärken. Das Verfahren der Enteignung sollte bis zuletzt den Anschein der Legalität behalten, so wurden fast alle Maßnahmen durch Gesetze oder Verordnungen geregelt und nach außen verteidigt. Dabei wurde das Vorgehen mit der Zeit immer radikaler und kompromissloser. Während am Anfang die jüdische Bevölkerung zunächst steuerlich schlechter behandelt würde, kam es schon bald zu sogenannten Arisierungen, der Abgabe von Vermögen oder Geschäftsbetrieben an Deutsche unter Wert, bis schließlich kurz vor den Deportationen oder sogar noch in deren Verlauf die Juden direkt enteignet wurden. Im Folgenden soll gezeigt werden, wie das Vorgehen gegen die Juden immer radikaler wurde, allerdings die gesamte Zeit über immer wieder neu legitimiert wurde, bis schließlich die vollständige Enteignung und darüber hinaus auch die physische Vernichtung als völlig gerechtfertigtes Handeln erschien.

Als Textgrundlage für dieses Referat diente das Werk Raul Hilbergs, „die Vernichtung der europäischen Juden" in dem er die wirtschaftliche Vernichtung der Juden als Teil des gesamten Vernichtungsprozesses darstellt. Ergänzt werden seine Ausführungen durch eine Monographie Christiane Kullers, die sehr detailliert die Maßnahmen gegen die jüdische Bevölkerung beschreibt, die im Wirtschaftssektor, sowie in der Finanzverwaltung aktiv gegen die Juden ergriffen wurden.

2. Vorbereitungen

Deutschland stand zu Beginn der nationalsozialistischen Herrschaft noch sehr stark in der Tradition der Weimarer Republik und auch des wilhelminischen Kaiserreichs. Daraus folgte, speziell unter den Beamten in der Verwaltung, eine ausgeprägte Gesetzestreue und ein fester Glaube an Vorschriften, die es auch weiterhin zu erfüllen gab, jedoch erlaubte jedes Gesetz demjenigen, der es anzuwenden hatte, auch einen gewissen Spielraum bei der Auslegung. Ein unterschwelliger Antisemitismus, sowie Pläne zur Enteignung der jüdischen Bevölkerung gab es in Deutschland schon lange vor der

Machtübernahme der Nationalsozialisten.[1] Nun sollte die interpretatorische Freiheit bei der Auslegung der Gesetze genutzt werden, um gezielt die jüdische Bevölkerung zu diskriminieren und durch Schikanen, sowie dem sukzessiven Entzug der Lebensgrundlage, zunächst zum Auswandern zu bewegen, aber auch ihr Vermögen zu sichern. Dazu wurden zunächst durch das „Gesetz zur Wiederherstellung des Berufsbeamtentums" mit geringen Ausnahmen alle Richter und Beamte jüdischen Glaubens aus dem Dienst entlassen.[2] Die freiwerdenden Posten wurden durch linientreue Kräfte neu besetzt, die verfügten über langjährige und professionelle Erfahrung in Steuerfragen verfügten, und es verstanden, die bestehenden Steuergesetze konsequent zu Ungunsten der jüdischen Bevölkerung auszunutzen.[3] Juden wurden gleichzeitig auch aus den Steuerbeiräten ausgeschlossen und ihnen damit auch jede Möglichkeit zur Mitbestimmung oder Kontrolle der Anwendung der Steuergesetze, sowie über die Verteilung von Steuergeldern, genommen.[4] Ganz allgemein wurden Juden bereits kurz nach der Machtübernahme in Steuerangelegenheiten schlechter gestellt, mussten sich öfter Buchprüfungen und Ähnlichem stellen und wurden von immer mehr Steuervergünstigungen ausgenommen, und zum Teil auch bewusst falsch steuerlich taxiert, wogegen sie nur sehr schwer vorgehen konnten. In den ersten Jahren der NS-Herrschaft waren die Mitarbeiter der Finanzverwaltung in Deutschland ein wesentlicher Schrittmacher der antisemitischen Diskriminierung.[5]

2. Der Beginn der Enteignungen

2.1 Die Reichsfluchtsteuer

Eines der ersten Gesetze, die genutzt wurden, um Zugriff auf das Vermögen von Juden zu bekommen, war die sogenannte „Reichsfluchtsteuer", die bereits 1931 eingeführt wurde. Sie sollte, im ursprünglichen Sinne, dazu dienen, vermögende Personen, speziell Geschäftsleute, daran zu hindern auszuwandern und ihr Vermögen ins Ausland zu transferieren, denn vielmehr sollte dieses Vermögen der inländischen Wirtschaft zugutekommen und den Verlust wertvoller Devisen eindämmen. Die Nationalsozialisten nutzten diese Steuer um legalen Zugriff auf das Vermögen emigrierender Juden zu bekommen. Dabei wollten viele Juden keineswegs freiwillig ausreisen, sondern wurden oft durch, immer deutlicher zu Tage tretende, antisemitische Schikanen, mehr oder weniger zur Emigration

---

[1] Christiane Kuller: Bürokratie und Verbrechen. Antisemitische Finanzpolitik und Verwaltungspraxis im nationalsozialistischen Deutschland, München 2013. Im Folgenden zitiert als: Kuller, Bürokratie und Verbrechen. S. 307.
[2] Raul Hilberg: Die Vernichtung der europäischen Juden. Die Gesamtgeschichte des Holocaust, Berlin 1982. Im Folgenden zitiert als: Hilberg, Die Vernichtung der Europäischen Juden. S. 66 – 67.
[3] Kuller, Bürokratie und Verbrechen, S. 46 - 55.
[4] Kuller, Bürokratie und Verbrechen, S. 119 - 123.
[5] Kuller, Bürokratie und Verbrechen, S. 58 - 60

gezwungen.[6] Die Reichsfluchtsteuer diente daher unter dem nationalsozialistischen Regime zum Raub von etwa einem Viertel des Vermögens der Ausreisewilligen und wurde immer fällig, sobald ein Jude seinen Wohnsitz ins Ausland verlagern wollte. Ein besonders grausamer Aspekt war, dass die Reichsfluchtsteuer, wie andere Abgaben auch, sogar noch bei der Deportation der jüdischen Bevölkerung in Ghettos außerhalb des Reichsgebiets, wie auch in die Vernichtungslager fällig wurde.[7] Da zunächst die lokalen Finanzbehörden für die Erhebung der Reichsfluchtsteuer zuständig waren, kam es immer wieder zu ausufernden Kompetenzstreitigkeiten bei der Sicherung von jüdischen Vermögen, teils durch Unklarheiten im Gesetz, aber auch, weil lokale Parteigrößen ihre eigenen Interessen durchsetzen wollten. Alle Vorgänge rund um die Reichsfluchtsteuer wurden daher schließlich im Finanzamt Berlin Moabit – West gebündelt, um Reibungsverluste zu minimieren und die Steuererträge möglichst effizient dem Reich zu Gute kommen zu lassen.[8]

2.2 Gesetz über den Widerruf von Einbürgerungen und die Aberkennung der deutschen Staatsangehörigkeit

Ein weiterer Baustein bei der Enteignung der jüdischen Bevölkerung stellt das „Gesetz über den Widerruf von Einbürgerungen und die Aberkennung der deutschen Staatsangehörigkeit" vom 14. Juli 1933 dar. Dieses Gesetz verknüpfte das Recht auf Eigentum eindeutig mit der Staatsbürgerschaft und steht in einer längeren Tradition, da sich schon im 19. Jahrhundert der Begriff des „germanischen Eigentums" herausgeprägt hatte, eine Art Volkseigentum, dass alle Deutschen einen sollte. Wer jedoch kein „Germane" war, hatte daher auch keine Eigentumsrechte nach dieser Rechtstradition.[9] Das Gesetz über den Widerruf von Einbürgerungen richtete sich zunächst gegen die zwischen 1918 und 1933 eingebürgerten sogenannten Ostjuden, die in der Zeit aus Polen und Russland nach Deutschland eingewandert waren und gegen vermutlich regimefeindliche Personen, die sich durch ihr Verhalten oder ihre politischen Ansichten gegen das deutsche Volk stellten, sich damit selber aus der Volksgemeinschaft ausschlossen und somit auszubürgern waren. Damit wurden sie auch faktisch enteignet, da nach diesem Gesetz das in Deutschland verbliebene Vermögen von Personen, die eine andere Staatsangehörigkeit annahmen, automatisch an das Reich fiel.[10]

2.3 Gesetz über die Einziehung volks- und staatsfeindlichen Vermögens

Ergänzend zum Gesetz über den Widerruf der Einbürgerungen wurde ebenfalls am 14. Juli 1933 das „Gesetz über die Einziehung volks- und staatsfeindlichen Vermögens" erlassen. Es sollte ursprünglich nachträglich die, gleich nach der Machtübernahme erfolgten Plünderungen und Beschlagnahmen von Besitz der KP und SPD legalisieren, war aber schon von Beginn an so vage formuliert, dass es auf alle

---

[6] Kuller, Bürokratie und Verbrechen, S. 185 – 195.
[7] Kuller, Bürokratie und Verbrechen, S. 199 – 200.
[8] Kuller, Bürokratie und Verbrechen, S. 106 – 113.
[9] Kuller, Bürokratie und Verbrechen, S. 317.
[10] Kuller, Bürokratie und Verbrechen, S. 333 – 338.

Personen und Gruppen angewendet werden konnte, die nach Festlegung des Innenministeriums als „staatsfeindlich" einzustufen waren. So konnte es, zusammen mit einem, oft konstruierten, konkreten Vorwurf auch genutzt werden, um Juden direkt zu enteignen. Dieses Gesetz fand vornehmlich in den ersten Monaten der NS-Herrschaft seine Anwendung, jedoch stellte sich schnell heraus, dass seine Durchsetzung und die Abwicklung der Enteignung, die ja immer noch „regelgerecht" durchzuführen war, sich zum Teil jahrelang hinzog. Für die Umsetzung der aus dem Gesetz folgenden Enteignungen war die Gestapo zuständig, jedoch wurden die Einnahmen dem Reichsfiskus zugeführt. Daher ist das Gesetz auch ein Zeichen für die Zusammenarbeit von Finanzverwaltung und Gestapo und für die Bereitschaft der Finanzverwaltung an direkten Enteignungen teilzuhaben.[11] Es kam jedoch durch die unklare Abgrenzung zwischen dem Gesetz zur Ausbürgerung und dem zur Entziehung des volksfeindlichen Vermögens auch zu Überschneidungen und so zu Konflikten zwischen den ausführenden Organen der Finanzverwaltung und der Gestapo.[12]

3. Die Arisierung jüdischen Besitzes

Es gab schon vor der Machtübernahme der Nationalsozialisten 1933 in Deutschland ein immer wieder aufkeimendes antijüdisches Klima in Teilen der deutschen Bevölkerung und auch der Gedanke der Arisierung der Wirtschaft war, keine Erfindung der Nationalsozialisten, sondern schon früher aufgekommen. Daher kam es bald nach der Machtübernahme zu ersten Übergriffen auf jüdische Geschäfte und zu Bedrohungen und Einschüchterungen von jüdischen Gewerbetreibenden. Schon früh rief die neue Führung zu einem organisierten Boykott auf, der am 1. April, die gesamte jüdische Bevölkerung, speziell aber den Einzelhandel treffen sollte. So zogen am 1. April 1933 vor jüdischen Geschäften Posten der SA und linientreue Parteianhänger auf und forderten auf Plakaten und in Sprechchören die Bevölkerung auf, nicht bei Juden einzukaufen und stattdessen deutsche Geschäfte zu bevorzugen.[13] Der Boykott verlief recht zwiespältig. In großen Städten wie Hamburg oder Berlin gingen zwar die Umsätze jüdischer Geschäfte allgemein zurück, jedoch kauften trotz Boykottaufruf viele Leute ein, zum Teil kam es sogar zu sogenannten Protestkäufen, bei denen die Leute beliebige Kleinigkeiten kauften, um ihre Solidarität auszudrücken. Der Boykott galt sogar in der Regierung als fehlgeschlagen, dennoch führte die nun deutlich hervorgetretene antijüdische Stimmung zu einem verstärkten Ausreisewillen der jüdischen Bevölkerung. Es war klargeworden, dass der Ausschluss der Juden aus der Wirtschaft und die Übernahme ihrer Geschäfte nicht offensiv durchgeführt werden konnte, sondern eher schleichend betrieben werden musste.[14] Dies wurde allerdings nicht überall so

[11] Kuller, Bürokratie und Verbrechen, S. 325 – 330.
[12] Kuller, Bürokratie und Verbrechen, S. 338 – 341.
[13] Frank Bajohr: "Arisierung" in Hamburg. Die Verdrängung der jüdischen Unternehmer 1933-1945, Hamburg 1997. Im Folgenden zitiert als: Bajohr, Arisierung in Hamburg. S.27-48.
[14] Bajohr, Arisierung in Hamburg. S.51 – 82.

umgesetzt, im radikaleren Köln gingen die offenen Übergriffe auf die jüdische Bevölkerung auch gegen die offizielle Linie weiter. Dort wurde das bereits 1933 erlassene Gesetz zu Schutze des Einzelhandels großzügig ausgelegt und Geschäftsgründungen von Juden ab 1934 verboten, sowie sämtliche städtische Aufträge an Juden gestrichen.[15] Dennoch wurde bis etwa 1937 die Arisierung, mit Rücksicht auf das Ausland und die Wirtschaft, eher schleichend betrieben. Jüdische Geschäfte gingen, ohne dass es eine konkrete Gesetzesgrundlage gab in deutsche Hände über. Die jüdischen Geschäftsinhaber verkauften zum Teil aufgrund des gesellschaftlichen Drucks und des steigenden Antisemitismus, zum Teil auch aus wirtschaftlichen Gründen, wenn durch Boykottaufrufe oder auch durch Schikanen. Es gab aber auch durchaus regelrechte Enteignungen. Die Reichsregierung hatte durch verschiedene Gesetze und Verordnungen ein Klima der Rechtlosigkeit für die Juden geschaffen und sie der Willkür von lokalen und regionalen Entscheidungsträgern ausgesetzt.[16] Dies wurde noch begünstigt durch den Umstand, dass sich viele Beamte und regionale Parteigroßen an der Arisierung jüdischer Unternehmen zu bereichern versuchten. Die reine Gier und das Streben nach Profit banden die Nutznießer der Arisierungen immer mehr an das System. Ebenfalls stieg deren Grad der Radikalisierung, da ihre Angst vor eventuellen Regressansprüchen der vormaligen Besitzer mehr und mehr wuchs.[17] So wurde auch außerhalb des reinen Wirtschaftssektors die Arisierung vorangetrieben und in der Gesellschaft verankert. Ab 1937 hatte sich der Antisemitismus in der Gesellschaft weit verbreitet und die wirtschaftliche Lage soweit gefestigt, dass sogar die Industrie- und Handelskammern und auch bislang abwartende Wirtschaftsführer begannen, sich in die Arisierungen einzuschalten und davon zu profitieren.[18] Eine neue Qualität der Judenverfolgung begann mit dem, von den Nazis initiierten Novemberpogrom, der sogenannten „Reichskristallnacht". Die Juden wurden danach völlig rechtlos. Viele Unternehmen waren 1938 bereits arisiert worden, jedoch gab es noch Geschäfte in jüdischer Hand, für die die Bedingungen einer halbwegs fairen Veräußerung so gut wie unmöglich wurden. Die mittlerweile weit fortgeschrittene gesellschaftliche Isolation der Juden machte es leicht, sie mit neuen Gesetzen und ohne weitere Gewalt auszuschalten. Die „Erste Verordnung zur Ausschaltung der Juden" verbot ihnen schließlich den Betrieb von Einzelhandels- und Versandgeschäften und machte es ihnen unmöglich noch einer selbstständigen Arbeit nachzugehen. Jüdische Geschäfte wurden von linientreuen Parteimitgliedern übernommen, die sich selbstständig machen wollten, oder durch andere Geschäftsleute, die Konkurrenz ausschließen wollten.[19]

---

[15] Britta Bopf: "Arisierung" in Köln. Die wirtschaftliche Existenzvernichtung der Juden 1933-1945, Köln 2004.Im Folgenden zitiert als Bopf: Arisierung in Köln. S.81 - 82.

[16] Wolfgang Mönninghoff: Enteignung der Juden. Wunder der Wirtschaft, Erbe der Deutschen, Hamburg 2001. S.46.

[17] Frank Bajohr, Parvenüs und Profiteure. Korruption in der NS-Zeit, Frankfurt 2001. S. 105 - 120.

[18] Frank Bajohr, Arisierung in Hamburg. S.227 - 233.

[19] Bopf, Arisierung in Köln. S.206 – 209.

4.   Die Radikalisierung der Bevölkerung und Entrechtung der Juden

Ein wichtiger Aspekt der Legitimation der Enteignung der Juden lag in der fortschreitenden Radikalisierung der deutschen Bevölkerung durch gezielte Propaganda. Speziell in den unteren Schichten war Antisemitismus auch schon vor der Machtübernahme verankert, aber auch im bürgerlichen Milieu waren antijüdische Ansichten zu finden. So war es durchaus leicht die Überzeugung zu verbreiten, die Juden würden sich, speziell in Gelddingen nicht an Recht und Gesetz halten und könnten das von ihnen angesammelte Vermögen nicht rechtmäßig erlangt haben, sondern müssten es den Deutschen geraubt haben. Nach dieser Logik stünde daher alles jüdische Vermögen von Rechtswegen, dem rechtmäßigen Besitzer, also der deutschen Volksgemeinschaft zu, daher wären die Arisierungen eher Akte einer gewissen Fairness, die höhere Besteuerung, lediglich gerechter Ausgleich für den begangenen Betrug und auch die Enteignung eine legitime Rückgabe an die richtigen Besitzer.[20] Bis 1938 waren viele Finanz- und Steuergesetze weitgehend ideologisiert und wurden konsequent zu Ungunsten der Juden angewandt und ausgelegt. In Bezug auf die Ausbürgerung von Juden wurden diese unter Generalverdacht gestellt, alle möglichen Straftaten begangen zu haben und präventiv verfolgt, um am Ende an deren Vermögen zu kommen.[21] Nach dem generellen Berufsverbot für Juden waren 1938, nach Arisierung und Plünderung, waren nur noch völlig verarmte Juden im Deutschen Reich verblieben, die sich das Auswandern nicht leisten konnten und der Wohlfahrt, allerdings nur der jüdischen, anheimfielen.[22] Mittlerweile konnten die Juden keine Steuern mehr zahlen, da sie kein Einkommen mehr hatten, orientierte sich das Reich neu und fasste nun auch den Raub des verbliebenen Vermögens ins Auge.[23] Im April 1938 wurden alle Juden aufgefordert, all ihr Vermögen, welches 5000 RM überschritt, anzumelden. Es hatte schon früher Pläne für eine Art Sondersteuer für Juden gegeben, die allerdings an Problemen der Definition und der Rechtssicherheit scheiterte. Das Novemberpogrom und die daraus entstandenen Schäden jedoch boten eine willkommene Rechtfertigung für eine sogenannte „Judenvermögensabgabe" in Höhe von einer Milliarde RM, die pauschal der gesamten jüdischen Bevölkerung auferlegt wurde.[24] Ab März 1939 bestand für alle Juden die Pflicht Arbeitsdienst, also Zwangsarbeit zu leisten, wobei auch ein Lohn ausbezahlt wurde, der allerdings wiederum versteuert werden musste und im Laufe der Zeit immer wieder gekürzt wurde. Ab dem 31. Oktober 1941 sollten Juden nur noch für „tatsächlich geleistete Arbeit bezahlt werden, was allen Arten von Schikanen und Willkür Tür und Tor öffnete.[25] Da Juden bei den Lebensmittelrationen bewusst benachteiligt wurden, waren viele auf Hilfe aus dem Ausland angewiesen, jedoch wurden ab 1941 auch Pakte mit Lebensmitteln verstärkt kontrolliert und ihr Inhalt

---

[20] Hilberg, Die Vernichtung der Europäischen Juden, S. 103 – 104.
[21] Kuller, Bürokratie und Verbrechen, S. 344 – 345.
[22] Hilberg, Die Vernichtung der Europäischen Juden, S. 108.
[23] Kuller, Bürokratie und Verbrechen, S. 60
[24] Kuller, Bürokratie und Verbrechen, S. 153 – 160.
[25] Hilberg, Die Vernichtung der Europäischen Juden, S. 108 - 111

mit den ohnehin kargen Rationen verrechnet, was durchaus auch eine Form des Raubes darstellt.[26] Die 11. Verordnung zum Reichsbürgergesetz vom 25. November 1941 koppelte schließlich den Besitz endgültig an die Staatsbürgerschaft und diese wiederum an den Aufenthaltsort. Mit ihr wurden alle im Ausland befindlichen Juden automatisch ausgebürgert und ihr Vermögen fiel automatisch, ohne weitere förmliche Erklärung, an das Reich. Die 11. Verordnung kam ebenfalls bei den Deportationen ab 1942 zum Tragen, da ja auch diejenigen Juden, die etwa in ein Ghetto aber auch in ein Vernichtungslager abtransportiert wurden, die Reichsgrenzen überschritten. Ein Problem bei der Umsetzung stellten die Fälle dar, in denen Juden nach Auschwitz oder Theresienstadt gebracht wurden, da diese Ziele sich noch innerhalb des Reichsgebiets befanden. Diese wurden auch weiterhin nach den Gesetzen von 1933 in einem längeren Verfahren abgearbeitet. Trotz allem sollte der Schein eines ordentlichen Verfahrens gewahrt werden.[27] Die Verwertung enteigneten Eigentums wurde „Aktion 3" genannt und war von massiver Korruption begleitet, da sich mit dem Fortschreiten des Krieges auch die Strukturen im öffentlichen Dienst immer weiter selbst zersetzten. So versuchten immer häufiger Parteimitglieder oder Beamte, die bei Wohnungsräumungen anwesend waren, sich besonders wertvolle Stücke zu sichern, oder auch einfach den eigenen Bedarf oder den von Verwandten und Bekannten zu decken.[28] Bei der „Aktion 3" waren in den meisten Fällen keine besonders geschulten, geprägten oder generell neuen Beamten zugegen, vielmehr waren es langjährige ganz normale Mitarbeiter der Verwaltung. Auch die Nutznießer der letzten Enteignungen, wenn etwa Möbelstücke oder Kleidung der deportierten Juden, oft als Ersatz, an kriegsgeschädigte Deutsche weitergegeben wurden, waren ganz normale Leute aus der Bevölkerung für die es nun kein Problem mehr war, auch direkt an dem Raub an der jüdischen Bevölkerung teilzunehmen. Die Führung des Reichs sicherte sich durch die weite Einbeziehung des Volkes seine Loyalität und machte so alle zu Komplizen.[29]

5. Fazit

Es ist deutlich zu sehen, wie über die Jahre die Radikalisierung der Bevölkerung fort schritt und in weniger als zehn Jahren, die Diskriminierung und der Raub an der jüdischen Bevölkerung nicht nur formal legitimiert, sondern auch gesellschaftlich verankert und „salonfähig" wurde. Dabei hatten nicht nur überzeugte Nationalsozialisten, sondern auch einfache und bis 1933 völlig unbescholtene Beamte und Staatsdiener einen signifikanten Anteil. Am Ende fragte sich niemand mehr, warum man mit den Juden so umging, wie man es tat oder ob dieses Treiben in irgendeiner Weise gerechtfertigt war. Dennoch wurde über all die Jahre hinweg immer der Schein gewahrt. Alle Maßnahmen gegen die

---

[26] Hilberg, Die Vernichtung der Europäischen Juden, S. 113.
[27] Kuller, Bürokratie und Verbrechen, S. 396 – 402.
[28] Kuller, Bürokratie und Verbrechen, S. 405.
[29] Kuller, Bürokratie und Verbrechen, S. 420 – 423.

jüdische Bevölkerung wurden formal durch Gesetze oder Verordnungen legitimiert. Um jeden Preis sollte verhindert werden, dass der ungesetzliche Raub deutlich werden sollte, auch um die Bevölkerung von der Richtigkeit des Vorgehens gegen die Juden zu überzeugen und ihren Rückhalt zu behalten. Von der Willkür gegen die Juden profitierten nahezu alle Deutschen von der Reichsregierung, über die Partei, lokale Parteigrößen bis hin zu Privatleuten, die günstig an jüdischen Besitz kamen. Die wirtschaftliche Diskriminierung und Ausplünderung der jüdischen Bevölkerung stellt tatsächlich eine dramatische Form der Vernichtung einer ganzen Volksgruppe dar. Nach und nach führte sie zum vollständigen Ausschluss der Juden aus dem öffentlichen Leben, beraubte sie ihrer Freiheiten und vernichtete schließlich ihre Existenz. Der nächste Schritt, den auch Hilberg in seinem Werk beschreibt, war, nach der finanziellen, schließlich die physische Vernichtung der Juden durch ihre Ermordung in den Konzentrationslagern der Nazis.

6.   Literaturverzeichnis

- Bajohr, Frank: "Arisierung" in Hamburg. Die Verdrängung der jüdischen Unternehmer 1933-1945, Hamburg 1997.
- Bajohr, Frank: Parvenüs und Profiteure. Korruption in der NS-Zeit, Frankfurt 2001.
- Bopf, Britta: "Arisierung" in Köln. Die wirtschaftliche Existenzvernichtung der Juden 1933-1945, Köln 2004.
- Mönninghoff, Wolfgang: Enteignung der Juden. Wunder der Wirtschaft, Erbe der Deutschen, Hamburg 2001.
- Kuller Christiane: Bürokratie und Verbrechen. Antisemitische Finanzpolitik und Verwaltungspraxis im nationalsozialistischen Deutschland, München 2013.
- Hilberg, Raul: Die Vernichtung der europäischen Juden. Die Gesamtgeschichte des Holocaust, Berlin 1982.